LOUIS BÉNIÈRE

Les Experts

COMÉDIE EN UN ACTE

PARIS

LIBRAIRIE THÉÂTRALE

30, RUE DE GRAMMONT, 30

1905

LES EXPERTS

COMÉDIE EN UN ACTE

Représentée pour la première fois, à Paris, au THÉATRE
ANTOINE, le 3 février 1905.

DU MÊME AUTEUR

Les Tabliers Blancs, comédie en trois actes.

ÉMILE COLIN, IMPRIMERIE DE LAGNY (S.-&-M.)

LOUIS BÉNIÈRE

LES EXPERTS

COMÉDIE EN UN ACTE

PARIS

LIBRAIRIE THÉATRALE

30, RUE DE GRAMMONT, 30

1905

PERSONNAGES

TIPETON.	MM. Degeorge.
PANTELIN.	Desfontaines.
CEROLLES.	Savernes.
JOUBERT	Léon Bernard.
ANGLURE	Bonarel.
SIVART	Defresnes.
UNE BONNE (ou un domestique) . . .	Mlle Marley.

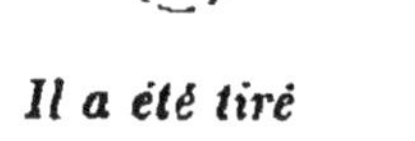

Il a été tiré

six exemplaires sur papier de Hollande.

Je dédie cette comédie à tous ceux qui se sont égarés dans le maquis trop réel de la procédure.

Le plaideur, mouton docile d'ordinaire, apporte là sa toison, et aussitôt, plein d'entrain, l'avoué tond, l'huissier pèle, le greffier gratte, l'avocat écorche quand ce n'est pas l'agréé qui arrache la peau. L'expert rôde autour; si l'occasion se présente, il happe furieusement sa proie, et c'est en pleine chair que ce seigneur se taille une part.

Le mouton est vite réduit à l'état de squelette. Quelquefois, pourtant, il se tire de cet assaut; s'il est sage il va au loin panser ses blessures, mais malheur à lui! si l'affaire a des suites; s'il veut persister.

Dans le bois voisin s'abrite le syndic; celui-là est d'une autre envergure; c'est le roi du hallier. Avec lui pas de fuite possible, pas d'espérance même. Tout est réglé d'avance. La farce lugubre qu'il joue a toujours le même résultat, toujours le même succès : sous l'œil qui le fascine, le petit mouton s'agite légèrement, puis s'immobilise, puis

disparaît peu à peu ; il s'estompe, il s'efface, il s'é-
vanouit. Son glas est sonné. Clôture faute d'actif.

Pauvre petit mouton !

Si j'avais le talent d'un Brieux, d'un Descaves,
d'un Ancey ou d'un Courteline, c'est cette pièce
que je voudrais écrire, et ce serait une bien belle
pièce, car elle serait terriblement vraie.

Louis BÉNIÈRE

LES EXPERTS

UN CABINET D'AFFAIRES A PARIS, DE NOS JOURS

SCÈNE PREMIÈRE

TIPETON, ANGLURE, SIVART, PANTELIN. UNE BONNE.
La bonne entre et sort pour les besoins de son service.

ANGLURE *entre par la porte du fond et montre la
pendule à ses collègues.*

Exactement deux heures !

TIPETON

Nous voilà au complet ! C'est la première fois,
depuis vingt ans que je fais de l'expertise, que
je peux constater une réunion d'experts à heure
fixe.

ANGLURE

Oh! oh! n'exagérez-vous pas, Tipeton ?

PANTELIN

Puisque le fait est aussi rare, il faudra le con-
signer au procès-verbal.

ANGLURE

Nous habitons loin les uns des autres ; nous
avons de multiples affaires; ce n'est déjà pas si
aisé d'être exact.

SIVART

En somme, qu'est-ce que cela fait l'exactitude ? L'audience est nécessairement ouverte à
l'heure fixée par nous et les vacations comptent
de ce moment-là.

TIPETON

Bien sûr; mais enfin, pour une fois que cela
arrive, je n'étais pas fâché de le constater.

LA BONNE, *s'adressant à Tipeton.*

M. Joubert est là !

TIPETON

Faites-le attendre au salon. (*La bonne sort.*)
Joubert, c'est le client.

SIVART

Je suis nommé par lui.

ANGLURE

Vous le connaissez, monsieur Sivart ?

SIVART

Mon cher Anglure, je le connais sans le connaître. Je n'ai jamais rien fait pour lui, je sais
qu'il est riche.

TIPETON, *avec une visible satisfaction.*

Ah !

PANTELIN, *affectant l'indifférence.*

Celui qui m'a nommé n'a pas le sou.

TIPETON

Qui est-ce ?

PANTELIN

Rien ; un pauvre diable quelconque : Cérolles
ou Céron... Cérolles, je crois. (*Il feuillette des
papiers.*)

TIPETON

N'importe. Qui vous a nommé, Anglure ?

AUGLURE

La Ville.

TIPETON

La Ville est donc engagée ?

ANGLURE

Pas le moins du monde. Elle ne s'est pas présentée. Je suis nommé d'office.

TIPETON

Bien ; alors, vous, Sivart, pour Joubert ; Pantelin pour Cérolles ; Anglure pour la Ville et moi pour le tribunal.

SIVART

C'est cela.

ANGLURE

Dites donc, Tipeton, un mot, je vous prie! Où en sommes nous dans le procès des Transports mécaniques ?

TIPETON

Je n'en sais plus rien. Il y a si longtemps que cela dure.

ANGLURE

Il faudra que nous causions un peu de cette affaire. Les clients m'ennuient, ils demandent des explications.

TIPETON

Quand vous voudrez, mais ne comptez pas trop sur moi. Je ne me souviens plus de rien.

PANTELIN, *s'adressant à Tipeton et à Anglure.*
Vous consulterez le dossier.

ANGLURE

Au fait, c'est vrai. Vous avez le dossier, Tipeton?

TIPETON, *vivement.*

Ah ! mais non, c'est vous.

ANGLURE

Non, non, non, je vous l'ai renvoyé !

TIPETON

Je vous affirme que le dossier est chez vous.

ANGLURE

Je vous affirme le contraire.

TIPETON

Je suis certain, absolument, de ce que je dis.

ANGLURE

Et moi je suis certain, à mon tour, que vous êtes dans l'erreur.

TIPETON

C'est trop fort !

ANGLURE

C'est comme cela.

PANTELIN

Que vous êtes amusants tous les deux ! Vous voilà prêts à vous entrebecqueter. Mais il est chez moi, le dossier !

TIPETON

J'avais donc raison.

ANGLURE

Vous dites que le dossier est chez moi !

SIVART, *conciliant.*

Qu'importe ! puisque vous avez raison tous les deux.

PANTELIN

Et que les papiers ne sont pas égarés.

SIVART

J'ai eu un jour une histoire extraordinaire avec un dossier perdu. L'affaire était importante et les plaideurs gens à se rendre compte.

ANGLURE

Comment avez-vous fait ?

SIVART

Ça été très dur ; j'ai pris chacun des adversaires à part, en les convainquant que, dans leur intérêt il fallait refaire les pièces. Il y avait des lettres surtout. Cela les a amenés à avoir tort tous les deux. Je les ai conciliés en leur faisant payer à chacun les frais entiers.

TIPETON

Voilà un bon tour. (*Tous rient.*)

SIVART

Oui, mais pénible et dangereux, et que je ne recommencerais pas.

LA BONNE, *s'adressant à Tipeton.*

M. Cérolles.

TIPETON

Faites-le attendre.

LA BONNE

Au salon ?

TIPETON

Mais non, dans la pièce du fond. (*La bonne sort.*) Cette fille est stupide ! Vingt fois, je lui ai expliqué qu'il ne faut jamais mettre deux adversaires dans la même chambre, face à face.

SIVART

Ils pourraient se dévorer.

TIPETON

Cela me serait bien égal, par exemple ; mais ils pourraient s'arranger.

PANTELIN

J'ai déjà eu ce cas. Dans mon propre salon, deux plaideurs se sont mis d'accord. Ils attendaient leur tour pour venir s'expliquer. Quand j'ai pu les recevoir, plus personne, ils étaient partis bras dessus, bras dessous. Je n'ai jamais pu avoir un centime.

TIPETON

C'est pour cela que je les sépare... De quoi s'agit-il dans cette affaire ?

ANGLURE

Quelle affaire ?

TIPETON

Celle qui nous réunit.

PANTELIN

Voilà ce que j'ai compris, à peu près. Cérolles travaillait pour Joubert. gros industriel. Cérolles a été payé de son salaire le samedi, 14 septembre, à trois heures du soir. La journée de travail dans l'atelier de Joubert est de dix heures ; elle finit à six heures du soir ; Cérolles congédié à trois heures a reçu le prix entier de la journée. Une fois payé il a quitté l'atelier. Vers quatre heures environ, Cérolles a fait une chute, il a glissé sur une pelure d'orange et s'est cassé la jambe contre la bordure du trottoir, rue Tiquetonne. Il réclame une indemnité à son patron.

SIVART, *navré*.

Diable ! mais c'est idiot !

ANGLURE, *navré*.

Il n'y a pas moyen véritablement de lui...

TIPETON, *l'air très réfléchi.*

Vous dites que ce brave ouvrier s'est blessé vers quatre heures...

PANTELIN

Oui ; la journée finit à six, seulement.

TIPETON, *à Anglure.*

Comment la Ville est-elle en cause?

ANGLURE

Pour la pelure d'orange. Cérolles soutient incidemment que sans la pelure d'orange il n'aurait pas glissé. La Ville doit le balayage des rues et des trottoirs ; il développe cette thèse. Il dit encore que la Ville qui a fait défense, par affiches spéciales, de cracher sur les trottoirs, aurait dû interdire au peuple de semer des pelures d'orange sur le bitume parisien. C'est insensé et la Ville n'a pas même cru devoir se défendre. Je suis nommé d'office.

TIPETON, *suivant son idée.*

Les règlements d'ouvriers chez Joubert ont lieu généralement à six heures, après le travail. On peut soutenir que le fait de congédier un ouvrier à trois heures en le payant jusqu'à six ne peut rompre le lien de droit qui unit le patron à l'ouvrier. (*Affirmatif*) On peut dire cela.

PANTELIN

Parfaitement.

SIVART

C'est soutenable.

PANTELIN

Malheureusement l'accident a eu lieu à près

de deux kilomètres de l'usine, par suite d'un acte tout à fait personnel à Cérolles.

TIPETON

Qu'importe ! L'affaire doit s'envisager sous tous ses points de vue. Joubert assure ses ouvriers ; il a payé l'assurance jusqu'à six heures.

ANGLURE

C'est juste.

SIVART, *montrant un contrat.*

L'assurance stipule que les ouvriers sont couverts des risques professionnels, mais seulement dans l'intérieur de l'usine et à l'occasion de l'exercice de leur profession.

ANGLURE, *navré.*

Ah !

PANTELIN

Voilà un document fâcheux pour ce pauvre diable.

TIPETON

Oui. (*A Pantelin.*) Vous êtes sûr, Pantelin, que Cérolles ne possède absolument rien ?

PANTELIN

C'est un simple ouvrier.

TIPETON, *hypocrite.*

Ce malheureux n'est que plus intéressant.

Nous devons examiner son cas avec bienveillance, sans pour cela oublier les règles de la
justice.

ANGLURE

Et si, par exemple, Cérolles avait été envoyé
en commission ?

SIVART

Dans le procès-verbal des agents qui ont con-
duit Cérolles à l'hôpital, il a déclaré qu'il se promenait.

TIPETON, *qui réfléchit depuis un instant.*

Cet ouvrier est réellement intéressant. Il se
promenait, mais pour chercher de l'ouvrage !
On ne peut pas courir pour chercher de l'ouvrage : on ne va pas ainsi. (*Il arpente la scène à
grands pas.*) On marche posément, lentement.
On ressemble à un homme qui se promène,
mais, en réalité, on ne se promène pas, on cherche du travail. Cérolles regardait les affiches,
les enseignes ; il musardait les mains dans ses
poches. (*En jouant la pose qu'il décrit, il se jette
involontairement dans Anglure.*) Ah ! pardon.
Tenez, voilà ce qui arrive quand on cherche du
travail ; on se cogne dans les gens, ou on glisse
sur une pelure d'orange.

ANGLURE

Eh bien ?

2

TIPETON, *l'air doctrinal.*

Eh bien ! si le geste vous paraît simple, l'acte qui en découle avec toutes ses conséquences est simple aussi. Au moment où nous sommes, quatre heures, 14 septembre, Cérolles est un ouvrier de Joubert puisqu'il est payé jusqu'à six heures. Cérolles est garanti contre tous risques ou accidents de travail, puisque le contrat d'assurance fonctionne normalement à son profit. Pourquoi Joubert n'a-t-il pas gardé Cérolles jusqu'à six heures ? Si Joubert avait appliqué le propre règlement de son usine, l'accident ne serait pas arrivé.

SIVART

Dans un gros rapport, la chose bien présentée, en la compliquant un peu, passera comme une lettre à la poste.

ANGLURE

Sûrement.

TIPETON

Nous sommes d'accord ?

TOUS

Oui, oui. (*Tipeton sonne, la bonne paraît.*)

TIPETON

Faites entrer ces messieurs. (*Tous prennent une mine grave et des attitudes dignes.*)

SCÈNE II

LES MÊMES, JOUBERT, CÉROLLES

TIPETON

Asseyez-vous, messieurs. (*A Cérolles et à Joubert.*) Nous avons prêté serment. Nous dispensez-vous, messieurs, de vous faire la lecture du jugement qui nous donne mission de rechercher la vérité dans l'affaire Cérolles contre Joubert?

JOUBERT

La lecture est inutile.

CÉROLLES

Inutile.

TIPETON, *solennel.*

Bien. Nous prenons acte. (*Il se lève.*) Nous avons mission de rechercher la vérité, toute la vérité ; de déterminer les causes directes et indirectes de l'accident, de mettre en pleine lumière les influences ambiantes qui ont pu agir sur l'événement du 14 septembre. Notre enquête doit porter non seulement sur les faits précisés, fixés dans le procès-verbal des agents, recueillis par les témoins et écrits sur les pièces de comptabilité ; nous devons encore examiner

la genèse de cette catastrophe. La vérité, si pénible à découvrir, nous la découvrirons, nous la
proclamerons, sans aucun souci des personnes,
sans défaillance. Nous nous rappelons, avec un
légitime orgueil, que nous sommes les auxiliaires de la justice (*S'asseyant.*), de la souve-
raine justice! (*A Joubert.*) Expliquez-vous sur
les faits du 14 septembre.

SIVART

M. Joubert est défendeur...

TIPETON

Oui, mon cher collègue... Je devrais donner
la parole à Cérolles, mais nous connaissons sa
demande par l'assignation. Je trouve plus natu-
rel, pour la clarté de cet important débat, de
savoir, tout d'abord, ce que répond M. Joubert.
(*Il interroge de l'œil ses collègues qui opinent de
la tête.*)

SIVART

Je n'insiste pas. (*Tipeton fait signe à Joubert
de parler.*)

JOUBERT

Cette affaire me paraissait beaucoup plus
simple.

TIPETON

Elle n'est pas simple : il n'y a pas d'affaire

simple. Expliquez-vous sur les faits du 14 septembre.

JOUBERT

Le 14 septembre, Cérolles étant congédié...

TIPETON

Pourquoi l'avez-vous congédié? Remarquez
bien ma question, elle a une importance considérable.

JOUBERT

Je ne me souviens plus des raisons du ren-
voi.

TIPETON

C'est fâcheux, très fâcheux.

PANTELIN

C'est un point que nous aurons à rechercher.

JOUBERT

Comme il ne s'agit pas d'une question de salaire ou d'une contestation sur la durée du travail, je ne me suis pas enquis de ce renseignement, inutile au fond...

TIPETON

Passons ; nous nous informerons.

JOUBERT, *reprenant.*

Le 14 septembre, Cérolles étant congédié, son
compte lui a été soldé à trois heures...

TIPETON

A trois heures ! Ce renseignement qui a une importance considérable est fourni par vous. C'est bien à trois heures juste, ni avant, ni après, que Cérolles a été payé?

JOUBERT

Oui, c'est à trois heures.

ANGLURE

Précises?

JOUBERT

Précises ! Mon Dieu, c'est à trois heures. Était-il moins cinq ou trois heures cinq, vous comprenez qu'à ce moment ce détail était sans intérêt.

TIPETON

Ah ! pardon. Il faut s'entendre. Vous avez dit : trois heures, puis maintenant vous insinuez qu'il était peut-être trois heures moins cinq, puis trois heures cinq. Cela fait un écart de dix minutes. C'est beaucoup, monsieur.

PANTELIN

Nous devons fixer toutes les phases de l'affaire avec exactitude. Vous devez dire la vé-té !

JOUBERT

Je ne demande pas mieux ; mais vraiment, je

vous assure, messieurs, que cette question de minutes en plus ou en moins n'a aucune importance.

ANGLURE

C'est votre avis seulement.

JOUBERT

Oui. Quelle influence voulez-vous que cela puisse avoir que j'aie réglé Cérolles à trois heures ou à trois heures cinq minutes? Le fait reste le même.

TIPETON

Non. (*Aux experts, d'un air entendu.*) Nous fixerons ce point.

JOUBERT

Mais l'heure juste on ne la connaît jamais. En ce moment quelle heure est-il? personne n'en sait rien.

TIPETON, *regardant la pendule, très grave.*

Il est deux heures vingt, monsieur.

ANGLURE, *tirant sa montre.*

Deux heures quinze à l'Hôtel de Ville.

JOUBERT, *tirant sa montre.*

L'Hôtel de Ville retarde. Il est deux heures vingt-trois à Saint-Lazare.

SIVART

En dehors.

JOUBERT

Non, en dedans.

TIPETON

Voyons, finissons ce débat oiseux. Ma montre marque deux heures vingt minutes, la pendule aussi. Il est l'heure de ma pendule.

PANTELIN

Cela n'a pas d'importance.

JOUBERT

Permettez ! Une très grande importance au contraire ; une importance considérable.

TIPETON

Revenons à notre expertise. Que savez-vous de l'accident du 14 septembre ?

JOUBERT, *reprenant.*

Le 14 septembre, à trois heures juste, à trois heures précises, à ma montre, à celle de Cérolles...

CÉROLLES

Pardon ! je n'ai pas de montre.

TIPETON, *à Joubert.*

Alors que dites-vous, monsieur ?

JOUBERT

Je dis qu'il était trois heures, monsieur !

PANTELIN

Il ne pouvait pas être trois heures à la montre

de Cérolles, puisque ce digne ouvrier n'en a
pas, n'en a jamais eu.

CÉROLLES

Pardon ! Pourquoi donc que je n'aurais pas
eu une montre comme tout le monde? J'en avais
une, je l'ai mise au clou. Voilà. Mais la vérité
vraie, c'est que le 14 septembre j'avais pas de
montre.

TIPETON, *à Joubert.*

Vous voyez bien, pourquoi chercher à déna-
turer les faits?

JOUBERT

Mais je ne dénature rien du tout. Je dis qu'il
était trois heures, puisque vous voulez une heure
précise.

TIPETON

Nous voulons la vérité, monsieur !

CÉROLLES

Moi, j'ai dit la vérité et je le prouve. J'avais
une montre, c'est vrai. Je ne l'ai plus, c'est encore vrai. Pourquoi je ne l'ai plus ? parce que je
l'ai mise au clou. Voilà la vérité et voilà la
preuve ; voilà ma reconnaissance. C'est le 5 mai
que je l'ai mise au clou, ma toquante. Est-ce
prouvé, ça ! Moi, quand je dis quelque chose,
c'est toujours la vérité.

TIPETON

Laissez. Taisez-vous ; la question est assez embrouillée sans y ajouter vos histoires...

CÉROLLES

Comment des histoires ! mais c'est la vérité.

TIPETON

Taisez-vous ! (*A Joubert.*) Ainsi, vous refusez de nous dire ce que vous savez sur l'accident du 14 septembre ?

JOUBERT

Ah ! permettez, ceci est trop fort. C'est vous qui m'interrompez sans cesse et vous dites que je ne veux pas vous renseigner, mais je suis ici pour cela, rien que pour cela.

TIPETON

Parlez donc.

JOUBERT

Eh ! laissez-moi parler sans m'interrompre.

TIPETON

Monsieur, vous vous oubliez. Je ne vous interromps pas. Je vous pose des questions, vous devez y répondre. Mes honorés collègues ont bien voulu me confier la direction du débat ; entre mes mains, la discussion ne s'égarera pas au gré des intérêts adverses. Dites-nous ce que vous savez sur l'accident du 14 septembre.

JOUBERT

Le 14 septembre, à trois heures, Cérolles étant
réglé est sorti de l'usine. Je ne l'ai revu qu'aujourd'hui même, à cette réunion. J'ai su par son
assignation qu'il s'est cassé la jambe, à deux
kilomètres de mes ateliers, en glissant sur une
cosse de pois ; qu'il est resté boiteux de cet
accident et qu'il me réclame dix mille francs,
c'est tout ; je ne sais plus rien.

TIPETON

Qu'avez-vous à dire pour votre défense ?

JOUBERT

Rien.

TIPETON

Rien ?

JOUBERT

Rien.

TIPETON

C'est presque un aveu.

PANTELIN

Je relève dans le dire de M. Joubert une
insinuation grave. Monsieur dit : Cérolles a
glissé sur une cosse de pois ; le procès-verbal
dit : une pelure d'orange.

TIPETON, *à Joubert.*

Expliquez-vous sur la cosse de pois.

JOUBERT

Je n'ai rien à dire.

AUGLURE

Vous maintenez la cosse de pois ?

JOUBERT, *rageur*.

Oh ! mais ça m'est égal qu'il ait glissé sur ceci ou sur cela ; mettez qu'il a glissé sur de la mélasse et n'en parlons plus !

ANGLURE

Cet homme est sans respect.

SIVART

C'est indigne !

TIPETON, *à ses collègues*.

Il sera tenu compte de cette réponse.

CÉROLLES

Je dois dire la vérité, moi ; je la dis toujours. Eh bien ! il y avait peut-être de la mélasse, c'est possible.

JOUBERT

Vous voyez ! Je n'invente rien. Moi aussi, je dis la vérité.

TIPETON

Au fait, glisser sur une pelure d'orange ou sur une cosse de pois, ça revient toujours au même.

ANGLURE

Non.

TIPETON, *à Cérolles.*

Dites-nous ce que vous savez sur l'accident
du 14 septembre.

CÉROLLES

J'ai bougrement souffert.

TIPETON

Mais avant ?

CÉROLLES

Avant quoi ?

TIPETON

Avant de souffrir.

CÉROLLES

Je suis tombé.

TIPETON

Comment ?

CÉROLLES

Comme ça. (*Il imite une chute.*)

TIPETON, *haussant les épaules.*

Non, je vous demande dans quelles circonstances s'est opérée votre chute.

CÉROLLES

Dans quelles circonstances ? Dame, je ne sais
pas ; je marchais, j'ai glissé, je me suis cassé la
jambe, on m'a porté à l'hôpital. Je suis resté

trois mois sur le lit, on m'a renvoyé. Je boite
maintenant. Je réclame dix mille francs.

TIPETON

Ta, ta, ta, vous allez comme le vent ; nous
n'en sommes pas là !

CÉROLLES

Si, si, c'est bien cela, je réclame dix mille
francs.

JOUBERT

Mais pourquoi me réclamez-vous dix mille
francs ?

CÉROLLES

Parce qu'on m'a dit de réclamer et que les
tribunaux donnent toujours quelque chose à
l'ouvrier.

JOUBERT

C'est trop fort ; même sans aucun droit vous
espérez une indemnité !

CÉROLLES

On m'a dit que c'est l'usage maintenant.

JOUBERT

Messieurs, vous retiendrez...

TIPETON, à Joubert.

Vous vous êtes permis d'interroger votre
adversaire ; vous n'en avez pas le droit. Je
tiens sa réponse pour nulle et vous invite for-

mellement à ne pas recommencer. (*A Cérolles.*)
Cérolles, répondez-moi. Que faisiez-vous le
14 septembre à quatre heures du soir ? Faites
bien attention, la question a un intérêt considérable.

CÉROLLES

Je me promenais.

TIPETON

Vous vous promeniez... en apparence; vous
étiez d'ailleurs dans une situation assez singu-
lière, vous étiez payé jusqu'à six heures du
soir, vous étiez sans travail, vous cherchiez un
embaucheur.

CÉROLLES

Non.

TIPETON

Faites bien attention. Vous ne cherchiez pas
du travail pour tout de suite, naturellement, à
quatre heures du soir, mais vous cherchiez où
vous pourriez venir en demander le lendemain
matin.

CÉROLLES

Non.

TIPETON

Je comprends ; vous ne cherchiez pas du travail rue Tiquetonne. Vous passiez dans cette rue

pour aller ailleurs, dans un endroit où vous deviez en trouver. (*A ses collègues.*) C'est cela, Cérolles passait rue Tiquetonne pour aller autre part.

CÉROLLES

Non.

TIPETON, *accablé.*

Vous alliez rue Tiquetonne.

CÉROLLES

Oui. Je cherchais une femme que j'avais rencontrée le 5 mai, le jour de ma toquante : une chic femme... une grosse comme je les aime.

TIPETON

Ces détails...

CÉROLLES

Bah! vous savez ce que c'est, entre hommes... c'était une femme tout à fait de mon goût ; forte... comme ça. (*Il fait le geste indicatif de la grosseur de la taille.*)

TIPETON

C'est possible, mais cela ne nous regarde pas. Répondez à ma question.

CÉROLLES

Vous êtes bon, vous, je ne fais que cela de répondre à vos questions. Mais je vous dis la vérité ! J'allais rue Tiquetonne chercher...

TIPETON

Je ne vous demande pas cela.

CÉROLLES

Qu'est-ce que vous me demandez, alors ?

TIPETON, interloqué, regarde ses collègues.
Long silence.

Nous apprécierons.

JOUBERT

Messieurs, il me semble...

TIPETON

Vous n'avez pas la parole... vous parlerez à votre tour.

CÉROLLES

Demandez-lui combien il veut me donner et qu'on en finisse.

JOUBERT

Rien du tout.

CÉROLLES

Eh bien ! et ma jambe ? et més trois mois d'hôpital ? Je suis plus bon à rien, maintenant ; je suis sans le sou ; je n'ai plus de nippes. Oh ! ce serait pas à faire de me laisser comme ça dans la rue, sans un radis. Voilà vingt ans que je travaille. J'ai droit à quelque chose. Est-ce que j'ai besoin de savoir, moi, qui ça regarde ? Ça regarde quelqu'un sûrement. J'ai fait assi-

3

gner la ville, puis mon dernier patron, je ferai
assigner le gouvernement s'il le faut, puis le
premier venu, n'importe qui. Tout le monde
est responsable; quand un ouvrier travaille, c'est
pour tout le monde qu'il travaille, tout le monde
profite de ce qu'il fait. Je ne peux plus travail-
ler; j'ai pas d'économies, moi. Eh bien ! qu'on
me nourrisse, voilà; ou qu'on me tue, voilà.

SIVART

Oh !

CÉROLLES

Il n'y a pas de oh ! qui tienne. En travaillant
dix heures par jour je gagnais juste pour me
nourrir. C'est comme ça, et tous les camarades
me ressemblent. Quand j'ai payé ma chambre,
mes frusques et ma nourriture il ne me reste
rien. La vérité, vous savez que je la dis toujours
la vérité moi, c'est que les jours où je ne travaille pas, je ne mange pas. J'ai demandé dix
mille francs, c'est pas trop. Qu'on me donne
quelque chose.

JOUBERT

Je reconnais que Cérolles a toujours été un
bon ouvrier. Je reconnais aussi, qu'en allant au
fond des choses, Cérolles a raison. Il est exact
que d'une manière très générale l'ouvrier ne
gagne que juste pour assurer son existence au

jour le jour. Oui, Cérolles a raison ; mais il n'a
pas raison contre moi tout seul ; il a raison
contre nous tous, contre la société ; c'est à elle
d'intervenir. En ce qui me concerne, je suis
tout prêt, dans la limite de mes moyens...

TIPETON, *l'interrompant.*

Monsieur, nous retenons votre proposition,
mais vous n'avez rien à formuler en ce moment.

JOUBERT

Je vous prie de remarquer que je n'offre rien,
absolument rien, en réponse à l'assignation.

TIPETON

C'est entendu. (*A ses collègues.*) Je crois,
messieurs, que pour aujourd'hui, nous avons à
peu près les renseignements qui nous sont né-
cessaires pour continuer notre enquête. Nous
irons chez vous, monsieur Joubert, d'aujour-
d'hui en huit pour vérifier vos livres...

JOUBERT

Mes livres!

TIPETON

Votre comptabilité. Nous interrogerons vos
ouvriers ; nous verrons votre police d'assurance,
votre règlement d'usine : vous nous renseigne-
rez sur les usages de votre maison. Tout cela
nous est indispensable.

JOUBERT

Mais pourquoi faire?

TIPETON

Nous déterminerons l'heure juste où Cérolles
a été payé. Nous referons avec vous, Cérolles, le
chemin que vous avez parcouru le 14 septembre,
après votre départ de l'usine.

JOUBERT

Pourquoi faire ?

TIPETON

Pour éclairer la justice.

ANGLURE

Cérolles nous montrera l'endroit où s'est pro-
duit l'accident.

CÉROLLES

Mais pourquoi faire?

ANGLURE

Vous simulerez une chute semblable à celle
du 14 septembre.

JOUBERT, *criant.*

Mais pourquoi faire ? pourquoi faire ? .

TIPETON

Pour éclairer la justice, monsieur. Ah ! vous
croyez qu'il suffit de transgresser ses propres
règlements et de ne les appliquer qu'à moitié ;
de jeter dans la rue un ouvrier à trois heures

de l'après-midi, et puis de feindre d'ignorer ce qui est advenu ensuite pour être quitte de toute responsabilité !

JOUBERT

Mais, monsieur, ce n'est pas moi qui ai dit à Cérolles d'aller rue Tiquetonne chercher sa bonne amie.

CÉROLLES

Ça non.

JOUBERT

Ce n'est pas moi qui ai semé des pelures d'oranges sous les pas de Cérolles.

ANGLURE

Ah ! des pelures d'oranges, maintenant.

CÉROLLES

Non, ce n'est pas vous.

JOUBERT

Eh bien ! alors, pourquoi voulez-vous que je sois responsable plus qu'un autre ; plus que vous, par exemple. J'ai réglé Cérolles avant la fin de la journée, par bienveillance ; parce que ce jour-là c'était jour de paie, qu'il y avait beaucoup de règlements, et si j'ai hâté l'heure de la fermeture, c'était pour éviter à mes ouvriers de perdre leur soirée en faisant queue devant mes guichets.

TIPETON

Nous apprécierons. Vous pouvez vous retirer si vous n'avez plus rien à dire.

CÉROLLES

Ecoutez, je veux bien aller rue Tiquetonne avec vous, mais vous m'aiderez à retrouver la femme que j'ai vue le 5 mai.

TIPETON, *gravement à ses collègues.*

Est-ce dans notre mission ?

JOUBERT, *indigné.*

Oh ! oh !

PANTELIN

La femme du 5 mai aura peut-être des renseignements utiles à nous fournir.

TIPETON

Soit.

JOUBERT

Oh !... Et quand concluez-vous ?

TIPETON

Plus tard.

JOUBERT, *indigné de plus en plus.*

Oh ! oh ! c'est trop fort, j'en ai assez, j'en ai assez ; au revoir, messieurs. (*Il sort.*)

CÉROLLES

Alors je m'en vais aussi moi.

TIPETON

Non, attendez un instant. Passez dans cette pièce. Je vous appellerai, si nous avons besoin de vous.

SCÈNE III

LES MÊMES, *moins* JOUBERT *et* CÉROLLES

SIVART

Vous avez bien fait de ne pas les laisser sortir ensemble.

ANGLURE

Ils ne se seraient pas arrangés. Joubert est trop monté. C'est seulement avant notre intervention qu'un accord est à craindre.

SIVART

Néanmoins, c'est plus prudent. Combien allouons-nous à Cérolles ? (*Léger silence.*)

TIPETON, *regardant ses collègues.*

Deux mille francs ; qu'en dites-vous ?

ANGLURE

Ça peut aller.

PANTELIN

Oui, c'est suffisant.

TIPETON, *à Sivart.*

Et vous, Sivart ?

SIVART

Moi, ça m'est égal. Vous ne craignez pas un appel de Joubert ?

TIPETON

Non ; les frais d'appel qu'il aurait à payer, même en cas de succès, seraient supérieurs à cette somme.

SCÈNE IV

LES MÊMES, *plus* JOUBERT

JOUBERT

Pardon, messieurs, j'ai laissé ma canne ; vous permettez. (*Il feint de chercher.*) Messieurs, puisque cet oubli me ramène près de vous, permettez-moi de vous dire un mot d'homme à homme.

TIPETON

Nous ne pouvons pas vous entendre en qualité d'experts, votre adversaire étant absent.

JOUBERT

Non, non, c'est compris ; c'est l'industriel Joubert qui parle à des bourgeois comme lui, des gens de son monde.

ANGLURE

Parfaitement.

JOUBERT

Pourquoi cherchez-vous à compliquer cette affaire qui est limpide comme l'eau des montagnes. Je vous tiens, messieurs, pour des hommes fort intelligents, et vous affectez de ne rien comprendre. Dites-moi vos raisons ; croyez-vous réellement que j'ai tort !

TIPETON

Mon Dieu...

JOUBERT

Aucun de vous n'a de haine contre moi. Je ne vous ai absolument rien fait. En dehors de ce procès nous n'avions pas l'honneur de nous connaître.

TIPETON

Nous n'avons pas de haine contre vous, cher monsieur.

JOUBERT

Vous n'êtes pas des amis de Cérolles.

SIVART, *riant.*

Assurément.

JOUBERT

Alors pourquoi vos recherches inutiles, vos questions étranges, votre attitude... (*Silence embarrassé des experts.*) Cérolles était réglé... Il s'est blessé bien après son départ... Loin de l'usine... Il se promenait... Voyons... Voyons !

il est manifeste que je ne suis pour rien dans
cet accident.

SIVART

Eh !... Eh !...

TIPETON

Mon Dieu ! vous êtes étonnant pour un industriel, bourgeois de Paris, au courant des mœurs
de la ville...

JOUBERT

Expliquez-vous...

TIPETON

Si nous vous condamnons, ce sera à regret...
Certainement... Parce que nous y serons forcés...

ANGLURE

C'est clair !

SIVART

Évident !

JOUBERT, *indigné.*

Mais pourquoi ?... Pourquoi... C'est inouï !...
Je suis innocent... Vous le voyez... Ça crève les
yeux ! Et vous parlez de me condamner !

ANGLURE, *haussant les épaules.*

Il ne comprend rien.

JOUBERT

Si, si, je commence à comprendre... Je comprends très bien, même. (*Avec une colère qui*

monte.) Cérolles n'a rien, c'est un pauvre diable, il a obtenu l'assistance judiciaire ; c'est bien ça ; s'il est débouté de sa demande, c'est le bureau de l'assistance qui vous payera. Ce sera maigre ! Vous voyez que je comprends ! Mais si c'est moi le condamné, oh ! alors, ce sera autre chose, car vous saurez le dresser le mémoire des frais, et l'avoué aussi saura faire le sien, et l'huissier aussi ; ils sont aussi forts que vous, ceux-là et vous vous entendez tous ; vous vous valez tous.

PANTELIN

Vous nous insultez, prenez garde, monsieur !

JOUBERT

Non, non, messieurs, je ne vous insulte pas, je vous respecte, je vous honore, je vous vénère. Vous êtes des fleurs de haute probité, des fruits d'exquise délicatesse. (*Avec rage.*) Mais j'irai en appel, et je vous jure, je vous jure que vous n'aurez pas un sou de moi.

ANGLURE *et* SIVART, *riant.*

Oh ! Oh !

TIPETON

Vous ferez ce que vous voudrez, cher monsieur, mais en attendant le jugement vous de-

vrez nous payer, et le jugement n'est pas pour
demain ; je vous en avertis. Il faudra donner à
Cérolles une provision alimentaire, il ne se
pressera pas de la faire cesser. On nommera de
nouveaux experts, et, à ceux-là, vous devrez
donner aussi une provision. Experts d'appel,
vous m'en direz des nouvelles.

JOUBERT, *effrayé*.

On nommera de nouveaux experts !

TIPETON

Oui, puis leur rapport déposé, la Cour orga-
nisera une enquête médicale avec des docteurs
très savants, des chirurgiens illustres.

ANGLURE

Des princes de la science ! Vous verrez ce que
c'est qu'un prince de la science. Vous aurez bien
de la chance si on ne casse pas à nouveau la
jambe de votre ouvrier.

JOUBERT

On nommera deux fois encore des experts !

TIPETON

Oui, et si vous protestez, il pourra y avoir
une contre-expertise médicale.

JOUBERT

Écoutez, messieurs. Je suis indigné, mais je
suis encore plus effrayé. Je ne veux plus d'ex-

perts, plus d'expertises, plus d'enquêtes, plus de procès. Arrangez cette affaire, finissons-en tout de suite. Je paierai ce que vous voudrez, faites vite seulement. Je comprends vos raisons, vous êtes de braves gens, mais faites en sorte que ce soit fini, sans possibilité pour moi de vous revoir jamais, jamais !

PANTELIN

Voilà qui est parlé.

ANGLURE

Vous entendez les affaires.

TIPETON, *très bonhomme.*

Ah ! que j'en ai vu dans votre cas, ici, à cette même place ! Ils voulaient d'abord tout avaler, ils voulaient aller en appel, en cassation, au bout du monde ! Puis le calme se faisait en eux et un simple calcul les remettait sur la bonne voie. Songez donc, monsieur Joubert, en appel il faut un avoué, un avoué d'appel. Vous savez ce que c'est qu'un avoué d'appel, flanqué de son ami l'avocat ?

JOUBERT

Non.

TIPETON

Eh bien ! gardez votre ignorance, cela vous coûterait trop cher.

JOUBERT

Soyez tranquille. Combien aurai-je à payer?

TIPETON

Deux mille cinq cents francs, en tout.

JOUBERT

Ça ne peut pas être moins?

SIVART

Oh ! non.

ANGLURE

A ce chiffre vous devez être satisfait.

JOUBERT

J'accepte. Mais ce sera fini? Je ne vous verrai
plus, je ne devrai plus rien?

TIPETON

Plus rien.

JOUBERT, *avec une indignation qu'il contient
à peine.*

J'ai de l'argent sur moi, je vais payer immédiatement et m'en aller. J'ai besoin de sortir,
voyez-vous. Deux mille cinq cents francs, dites-
vous?

TIPETON

Oui. Nous allons faire signer un désistement à Cérolles qui vous donnera quittance.
Attendez un moment.

JOUBERT, *jette sur la table des billets qu'il vient de compter fébrilement.*

Non, il faut que je sorte, vous dis-je. Vous m'enverrez les pièces ou je les ferai prendre ici, demain. Bonjour. (*Il se dirige vers la porte.*)

TIPETON, *qui a rapidement compté les billets.*

Mais ce n'est pas le compte. (*Joubert s'arrête.*) Vous avez mis ce billet en trop. (*Il lui tend un billet et recompte les autres.*) Deux mille cinq cents, le compte est juste, maintenant.

JOUBERT, *extrémement étonné, avec une rage intérieure.*

Vous me rendez un billet donné en trop !... Eh bien ! je vais vous dire sincèrement ce que je pense. Je tiens cela pour tout à fait extraordinaire.

TIPETON, *le reconduisant, très bonhomme.*

Allez donc ! Allez donc ! vous êtes en colère, vous ne raisonnez plus. Vous vous rendrez compte plus tard. Nous sommes d'honnêtes gens.

SCÈNE V

LES MÊMES, *moins* JOUBERT

SIVART

Il a fini par se rendre à l'évidence. Ils sont

étonnants, ces plaideurs. Ils se figurent que leurs différends nous intéressent !

PANTELIN, *à Tipeton.*

N'avez-vous pas fait une erreur en indiquant deux mille cinq cents francs à Joubert ? Nous avions décidé deux mille pour Cérolles. Nos honoraires ne seront donc que de 500 francs.

TIPETON, *aux autres, avec bienveillance.*

Pantelin est presque un débutant. Il faut lui apprendre le *b, a, ba.* (*A Pantelin.*) Rassurez-vous ! Cérolles aura son compte. (*Un léger temps.*) Nous aussi. (*En allant ouvrir à Cérolles.*) Il est jeune, Pantelin. (*Ouvrant le cabinet où est Cérolles.*) Venez, votre adversaire transige.

SCÈNE VI

LES MÊMES, CÉROLLES

CÉROLLES

Alors, on s'arrange, je ne demande pas mieux.

TIPETON, *à Cérolles.*

Nous avons amené M. Joubert à vous indemniser, ça n'a pas été sans peine. (*Très sé-*

vère.) Il est manifeste que le résultat de l'accident du 14 septembre est dû uniquement à votre nature vicieuse. Qu'alliez-vous faire rue Tiquetonne à quatre heures du soir, à deux kilomètres de votre atelier, du côté opposé à votre domicile habituel ?

CÉROLLES

Je cherchais une femme que j'avais rencontrée. Une grosse comme...

TIPETON

Cela nous est égal... Taisez-vous. La justice n'a rien à voir à cela. N'importe qui vous aurait donné tort. Sur notre insistance, M. Joubert a versé une certaine somme. Vous allez abandonner la poursuite et signer le désistement, par transaction amiable, mais complète et définitive. Nous allons faire le compte des frais. (*Sur ces mots les experts se mettent à écrire rapidement.*)

CÉROLLES, *timidement.*

Je voudrais savoir avant de signer...

TIPETON, *l'arrêtant.*

Cela ne vous convient pas. Ainsi vous croyez qu'il vous est permis de déranger la justice, de mettre en mouvement quatre experts pour écouter vos sornettes, pour apprendre que vous n'aimez les femmes que si elles sont énormes ?

4

CÉROLLES

Mais vous dites que cela ne regarde pas la justice.

TIPETON

Par exemple ! Tout regarde la justice. Vous allez voir. Pour commencer, vous allez payer les frais, et nous demanderons contre vous la contrainte par corps si cela est nécessaire. Ah ! ça ne regarde pas la justice...

SIVART

Il faut lui donner une leçon.

ANGLURE

Une bonne !

CÉROLLES

Voyons, ne vous fâchez pas. Mais j'accepte, moi, j'accepte tout ce qu'on voudra. En voilà des affaires... où faut-il que je signe ?

TIPETON, *à Cérolles qui signe un papier que Sivart lui présente.*

Vous avez de la chance. Grâce à nous vous allez toucher quelque chose.

CÉROLLES

Je vous remercie bien.

ANGLURE

Nous avons fait notre devoir, mais ç'a a été dur.

CÉROLLES

Combien vais-je avoir ?

TIPETON

Oh ! pas grand'chose, seulement ce sera tout de suite. M. Joubert a donné, mais en tont et pour tout, 2.500 francs. Il voulait déposer cette somme chez un avoué... Mon pauvre garçon !

CÉROLLES, *à part.*

Chouette ! (*Il manifeste discrètement sa satis-faction.*)

ANGLURE

Nous avons insisté pour que l'affaire se règle immédiatement, de la main à la main, sans aucun intermédiaire.

CÉROLLES

Vous avez bien fait, j'ai toujours entendu dire que lorsque l'argent était chez un avoué...

SIVART, *à Cérolles.*

Chut !... Les avoués sont des gens infiniment respectables.

PANTELIN

Et les huissiers aussi.

ANGLURE

Et les agréés aussi.

TIPETON

Et les avocats aussi.

CÉROLLES

Et les experts aussi. (*Les experts s'inclinent.*)

TIPETON, *bon garçon.*

Tous les auxiliaires de la justice sont respectables et désintéressés. Ils n'aiment pas l'argent ; ce n'est pas pour cela qu'ils remplissent leur ingrate mission, et à eux, on n'a pas osé parler de salaire. Le salaire, c'est le paiement de l'homme qui travaille. Les auxiliaires reçoivent des honoraires. Ils ne sont pas payés, ils sont honorés quand on leur donne de l'argent. Les auxiliaires ne sont pas des travailleurs et c'est cela qui les différencie, sachez-le bien... Vous avez demandé 10.000 francs ?

CÉROLLES, *riant.*

Oh ! dix mille francs ! Je ne comptais pas les avoir.

TIPETON

Il ne fallait pas les demander, alors. Ce chiffre ridicule vous a fait beaucoup de tort. Si vous aviez demandé dix fois moins...

ANGLURE, *vivement.*

Vingt fois moins...

TIPETON *calme d'un geste tranquille l'inquiétude d'Anglure.*

On vous l'aurait peut-être donné, tandis que votre prétention a choqué tout le monde. On s'est dit : Cérolles se moque de la justice.

SIVART

Positivement, je l'ai entendu dire.

CÉROLLES

Mais non, je ne me moque de personne.

SIVART

Enfin, on l'a cru.

PANTELIN

Et c'est ce qu'il y a de plus fâcheux.

TIPETON

Faisons le compte de ce qui vous revient. Les frais sont à déduire.

CÉROLLES, *confiant.*

Bien sûr, que les frais sont à déduire. C'est trop juste. Deux mille cinq cents francs, moins les frais: nous sommes d'accord.

PANTELIN

Voici ceux de l'avoué, d'un seul, que j'évalue au minimum. Ils sont exacts, j'ai été premier clerc. En procédant ainsi, nous vous faisons gagner du temps et vous pourrez toucher immédiatement.

ANGLURE

C'est l'essentiel pour ce pauvre garçon.

CÉROLLES

Très bien, très bien.

PANTELIN, lisant.

Droit de conseil	10 fr.	»
Timbre et rédaction de la requête. . .	3	60
Enregistrement de l'ordonnance . . .	5	65
Assignation sur copie.	9	35
Rédaction du placet	3	»
Mise au rôle d'icelui	4	»
Vacation de cette mise au rôle.	1	50
Avenir à l'audience	3	75
Total. . . .	40 fr.	85

(Il tourne la page.)

CÉROLLES

C'est pas trop !

PANTELIN

A reporter. . . .	40 fr.	85
Vacation au jour de l'avenir.	3	»
Bulletin sur exception et vacation. . .	3	10
Vacation à donner communication des pièces.	3	»
Bulletin de mise au rôle. (Jeux de scène).	0	10
Sommation de signification des dépenses.	3	75
Total. . . .	53 fr.	80

(Il tourne la page.)

CÉROLLES

C'est pas trop.

PANTELIN

Report. . . .	53 fr.	80
Bulletin de remise à la sortie du rôle.	3	10
Timbre, rédaction et signification des conclusions grossoyées.	55	70

CÉROLLES

Oh !

PANTELIN

Conclusions additionnelles. . . . . .   8 fr. 55

CÉROLLES

Oh !

PANTELIN

Les mêmes jointes au placet sur feuille d'audience.	3 fr.	»
Vacation à communiquer au ministère public.	1	50
Total. . . .	125 fr.	65

(*Il tourne la page.*)

CÉROLLES, *se levant.*

Eh bien ! retenez 125 francs 65.

TIPETON, *le faisant asseoir.*

Écoutez donc !

PANTELIN

A reporter. . . . 125 fr. 65

CÉROLLES

C'est donc pas fini !

PANTELIN, très vile.

1ᵉʳ bulletin de remise à huitaine. . . .	3 fr.	10
2ᵉ bulletin de remise à huitaine. . . .	3	10
3ᵉ bulletin de remise à huitaine. . . .	3	10
4ᵉ 5ᵉ 6ᵉ 7ᵉ 8ᵉ 9ᵉ et 10ᵉ bulletins de remise à huitaine.	21	70
11ᵉ 12ᵉ 13ᵉ 14ᵉ et 15ᵉ bulletins de remise à quinzaine	15	50
Total. . . .	172 fr.	15

(*Il tourne la page.*)

Report. . . .	172 fr.	15
Conclusions d'exception posées à l'audience.	2	»
Signification d'icelles.	11	65

CÉROLLES, effrayé.

En voilà assez.

TIPETON

Pourquoi ?

ANGLURE

Comment, assez. (*Il brandit des papiers.*) Et moi !

LES AUTRES, brandissant des papiers.

Et nous !

SIVART, à Cérolles.

L'assistance de l'avoué à la plaidoirie ; l'exa-

men de la signification des qualités, il faut vous
en faire cadeau!

TIPETON, *à Cérolles.*

La vacation au règlement. L'enregistrement
de la minute du jugement. Ça ne compte pas!

SIVART, *à Cérolles.*

Le coût de la grosse non plus!

ANGLURE, *à Cérolles.*

La signification de la grosse à l'avoué, ce sera
à l'œil?

PANTELIN

Comme la signification à domicile.

CÉROLLES, *abasourdi.*

Mais...

PANTELIN, *à Cérolles.*

Le droit de correspondance...

CÉROLLES

Mais...

PANTELIN

Le droit du présent état.

CÉROLLES

Mais...

PANTELIN

Et le timbre que nous allions oublier!

CÉROLLES

Mais, sacrebleu! il ne me restera rien.

TIPETON, *très froid.*

Qu'y pouvons-nous ?

ANGLURE, *à Cérolles.*

Les frais doivent-ils être payés, oui ou non ?
Vous êtes étonnant, vous !

CÉROLLES

Mais puisque la justice est gratuite !

TIPETON

La justice, oui ; pas les jugements.

CÉROLLES

Que me restera-t-il ?

TIPETON

Faites le compte vous-même ; voilà les mé-
moires, il ne s'agit encore que des frais d'a-
voués.

CÉROLLES

Que voulez-vous que je comprenne à ces papiers ?

TIPETON, *très calme.*

Vous n'y pouvez rien comprendre, ni vous ni
personne, il faut nous laisser faire. Un moment,
je pensais que l'on pourrait vous faire avoir
cinq cents francs.

CÉROLLES, *inquiet.*

Eh bien !

ANGLURE, *vivement.*

Pas même quatre cents francs.

CÉROLLES

Oh !

PANTELIN

Non... Ç'a été impossible.

CÉROLLES

Combien, alors ?

ANGLURE

Pauvre garçon ! pas même trois cents francs.

CÉROLLES, *accablé.*

Autant dire qu'il n'y a rien.

PANTELIN

Si, si, il y a quelque chose. Moi, je voulais pour vous deux cents francs.

CÉROLLES *les regarde, interdit.*

Pas deux cents francs !

ANGLURE

Pas cent.

TIPETON, *arrêtant ses collègues.*

Si, il y a cent francs, mais en tout.

CÉROLLES, *de plus en plus accablé.*

En tout !

TIPETON

En tout ! (*Silence.*) Vous n'aurez aucun frais. Les prenez-vous, vos cent francs, ou faut-il les mettre à la Caisse des dépôts et consignations?

CÉROLLES

Cent francs !...

TIPETON

A toucher tout de suite.

SIVART

Sans frais !

ANGLURE

Vous n'avez absolument rien à payer, et vous
empochez cent francs.

TIPETON

Finissons-en ; est-ce oui, est-ce non ?

CÉROLLES

Donnez, donnez, mais ce n'est pas beaucoup.

PANTELIN

Vous n'avez droit à rien du tout.

TIPETON

Il le sait bien ; sans nous, il ne touchait pas
un centime, et il payait les frais. Allons, au revoir, mon ami. (*Il lui donne l'argent et le pousse
tout doucement vers la porte.*)

CÉROLLES, *s'en allant.*

Ce n'est guère... Ce n'est guère. Enfin ! (*Il
sort. Les quatre experts demeurent un moment si-
lencieux avec des gestes sobres, mais exprimant
un parfait contentement.*)

SCÈNE VII

LES MÊMES, *moins* CÉROLLES

ANGLURE

Il nous reste deux mille quatre cents francs.
Chacun six cents francs.

TIPETON

Ah! non, par exemple, ce n'est pas ainsi que
je l'entends.

ANGLURE

Comment l'entendez-vous?

TIPETON

Comme nous l'entendons toujours, et votre
proposition me froisse, me blesse, m'outrage,
monsieur Anglure.

ANGLURE

Dites donc, Tipeton, vous n'allez pas me faire
des phrases, hein! Ma proposition vous blesse,
vous froisse, vous outrage. Pauvre ami! Vous
allez vous remettre. Cela me peine de vous
avoir fait tant de choses d'un seul coup. C'est
six cents francs à chacun de nous, parce que
quatre fois six font vingt-quatre; parce que
quatre fois six cents francs font deux mille

quatre cents francs, et que c'est justement la somme qui reste de l'argent de M. Joubert. Nous ferons masse des frais de procédure que nous règlerons ultérieurement par parties égales.

TIPETON

Je suis l'expert du tribunal ; j'ai dirigé l'expertise, c'est moi qui ferai le rapport ; vous vous êtes réunis chez moi ; j'ai droit à un supplément d'honoraires.

ANGLURE

Non.

TIPETON

Si.

ANGLURE

Vous n'avez droit à rien de plus que nous. Il n'y a pas de rapport à écrire puisqu'il y a désistement, quatre lignes suffisent. Vous aurez votre part comme les autres. Dans notre dernière affaire, je n'ai eu que cela, moi, et j'étais comme vous, aujourd'hui, l'expert du tribunal.

TIPETON

Ce n'est pas la même chose. Vous êtes un ignorant, Anglure, et vous avez toujours plus que vous méritez.

ANGLURE

Je ne suis pas plus ignorant que vous, Tipeton ;

on sait votre compétence universelle, même en mécanique, où vous avez confondu un excentrique avec un régulateur.

TIPETON

Et vous, qui n'avez jamais pu, dans le procès du marchand de bois d'Auteuil, distinguer le chêne du châtaignier. Vous avez conclu que c'était de l'ormeau! de l'ormeau! Ah! ah!

ANGLURE

Hé! je n'ai jamais vécu dans les forêts!

TIPETON

Ni moi dans les ateliers de mécanique!

SIVART

Taisez-vous donc tous les deux, vous êtes ridicules avec vos reproches. Nous pourrions nous en faire tous et jusqu'à demain. Il est bien évident que nous ne pouvons pas connaître toutes les matières que nous expertisons, ni comprendre tous les cas où nous donnons un avis.

PANTELIN

Et puis au fond à quoi cela nous servirait-il? Allons, finissons-en; faites le partage.

TIPETON, *comptant l'argent.*

Vous n'avez pas le moindre sentiment de ce que l'on doit à ses collègues.

ANGLURE

A ses collègues, il ne faut jamais rien devoir.

SIVART

Très juste !

TIPETON, *comptant l'argent sur la table.*

Tenez, voilà votre compte. (*Tous empochent.*) Et je maintiens ce que j'ai dit : il n'y aura bientôt plus d'experts si vous méconnaissez les traditions.

ANGLURE

Allons, Tipeton, faisons la paix. Le ministre qui nous supprimera n'est pas encore nommé. (*Anglure, Sivart, Pantelin sortent.*)

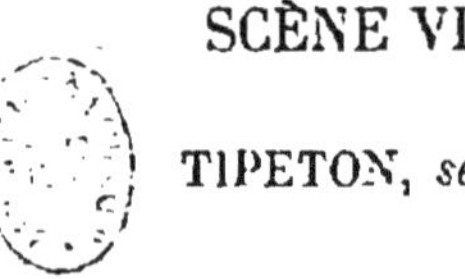

SCÈNE VIII

TIPETON, *seul.*

Tas de canailles !

RIDEAU

ÉMILE COLIN, IMPRIMERIE DE LAGNY (S.-ET-M.)